Impressum
Verlag: BABADADA GmbH, Nedderfeld 112 , 22529 Hamburg
Geschäftsführer / Verlagsleitung: Harald Hof
Druck: Books on Demand GmbH, In de Tarpen 42, 22848 Norderstedt

Imprint
Publisher: BABADADA GmbH, Nedderfeld 112 , 22529 Hamburg, Germany
Managing Director / Publishing direction: Harald Hof
Print: Books on Demand GmbH, In de Tarpen 42, 22848 Norderstedt

škola
el colegio

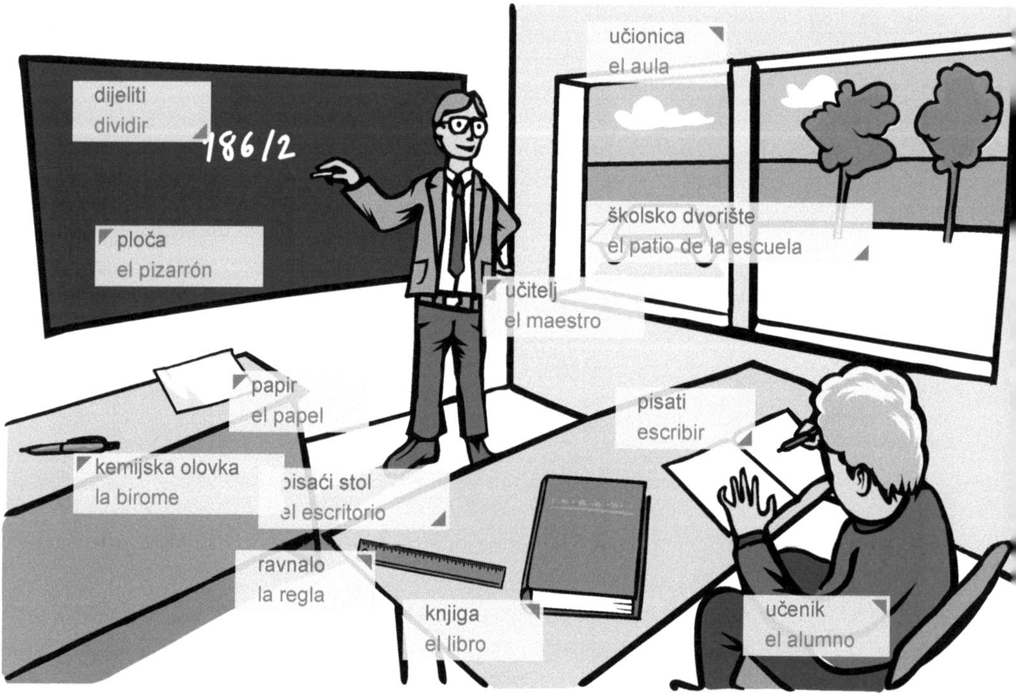

učionica
el aula
dijeliti
dividir
186/2
ploča
el pizarrón
školsko dvorište
el patio de la escuela
učitelj
el maestro
papir
el papel
pisati
escribir
kemijska olovka
la birome
pisaći stol
el escritorio
ravnalo
la regla
knjiga
el libro
učenik
el alumno

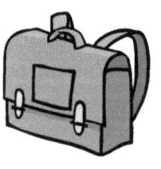

torba

la mochila

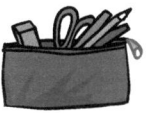

pernica

la caja de lápices

grafitna olovka

el lápiz

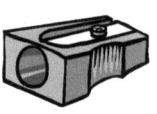

šiljilo za olovke

el sacapuntas

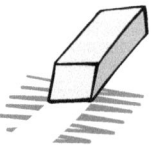

gumica za brisanje

la goma (de borrar)

blok za crtanje

el bloc de dibujo

crtež
el dibujo

kist
el pincel

kutija s bojama
la caja de pinturas

makaze
la tijera

ljepilo
el pegamento

bilježnica
el cuaderno de ejercicios

domaći zadatak
la tarea

12

broj
el número

2+2

sabirati
sumar

5-2

oduzimati
restar

2×2

množiti
multiplicar

računati
calcular

A

slovo
la letra

ABCDEFG HIJKLMN OPQRSTU VWXYZ

abeceda
el abecedario

riječ
la palabra

tekst
el texto

čitati
leer

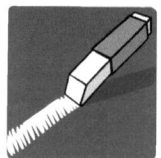

kreda
la tiza

sat
la lección

dnevnik
el cuaderno de clase

ispit
el examen

svjedodžba
el certificado

školska uniforma
el uniforme escolar

obrazovanje
la educación

leksikon
la enciclopedia

sveučilište
la universidad

mikroskop
el microscopio

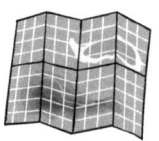

karta
el mapa

košara za papir
el tacho (de basura)

putovanje
el viaje

hotel
el hotel
Grand
prenoćište
el hostel
ROOMS
mjenjačnica
la casa de cambio
EXCHANGE
kofer
la valija
auto
el auto

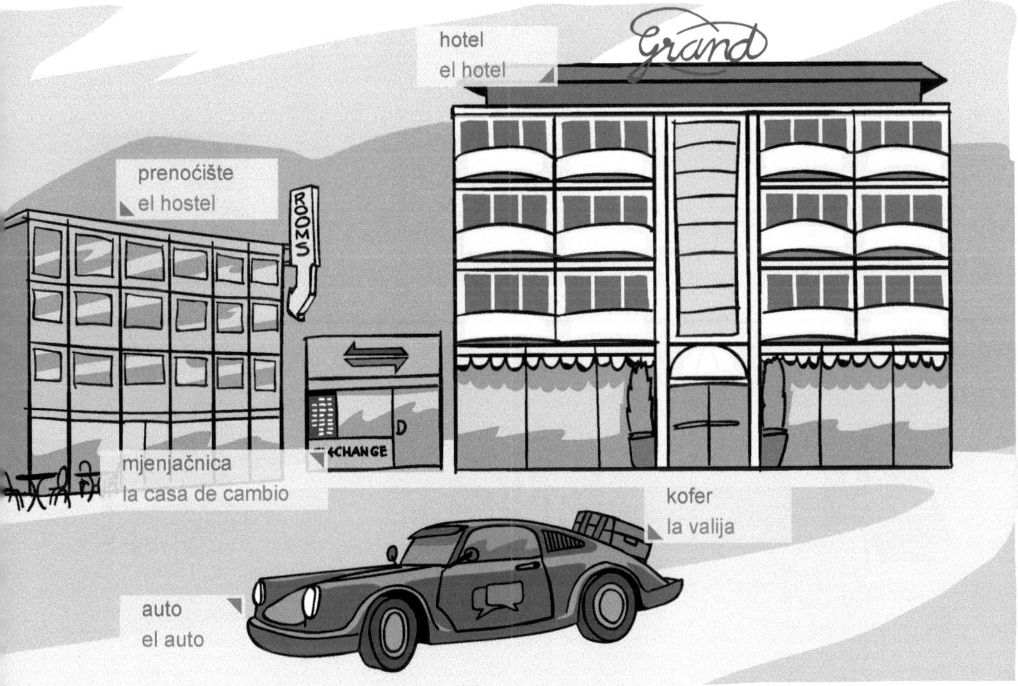

jezik

el idioma

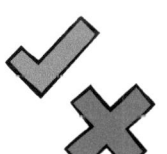

da / ne

sí / no

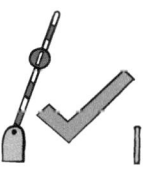

okay

Está bien

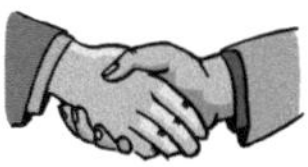

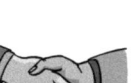

zdravo

hola

prevoditelj

el traductor

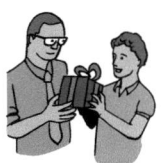

hvala

Gracias

Koliko košta...?

¿cuánto cuesta...?

ne razumijem

No entiendo

problem

el problema

dobro veče!

¡Buenas tardes!

Dobro jutro!

¡Buenos días!

Laku noć!

¡Buenas noches!

doviđenja

el adiós

smjer

la dirección

prtljaga

el equipaje

torba

el bolso

ruksak

la mochila

gost

el invitado

soba

la habitación

vreća za spavanje

la bolsa de dormir

šator

la carpa

turističke informacije

la información turística

plaža

la playa

kreditna kartica

la tarjeta de crédito

doručak

el desayuno

ručak

el almuerzo

večera

la cena

karta za vožnju

el pasaje

dizalo

el ascensor

poštanska markica

el sello

granica

la frontera

carina

la aduana

ambasada

la embajada

viza

la visa

putovnica

el pasaporte

transport
el transporte

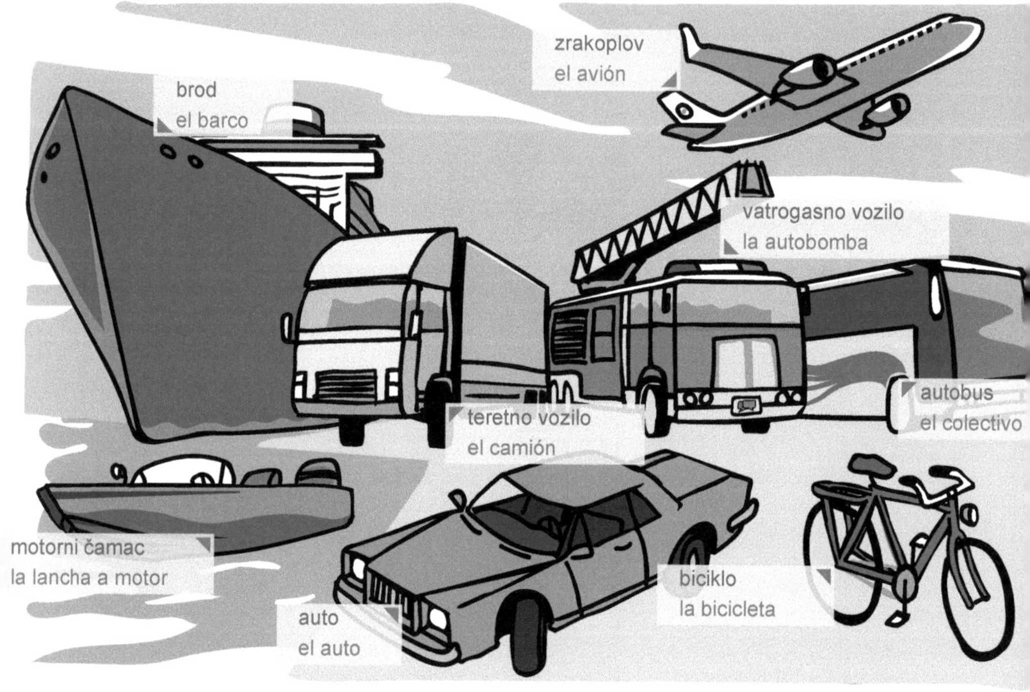

zrakoplov
el avión
brod
el barco
vatrogasno vozilo
la autobomba
teretno vozilo
el camión
autobus
el colectivo
motorni čamac
la lancha a motor
biciklo
la bicicleta
auto
el auto

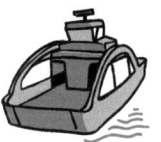

trajekt

el ferry

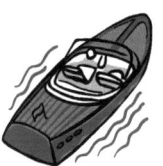

čamac

el bote

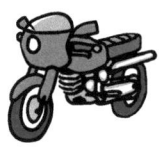

motocikl

la moto

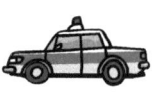

policijski auto

el patrullero

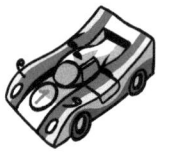

trkaći auto

el auto de carreras

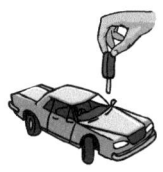

iznajmljeno auto

el auto de alquiler

dijeljenje automobila

el alquiler de autos

vučno vozilo

la grúa

vozilo za odvoz smeća

el camión de la basura

motor

el motor

benzin

la nafta

benzinska postaja

la estación de servicio

prometni znak

la señal de tránsito

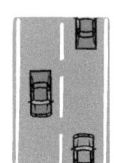

promet

el tránsito

zastoj

el embotellamiento

parkiralište

el estacionamiento

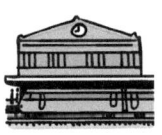

kolodvor

la estación de tren

šine

las vías

vlak

el tren

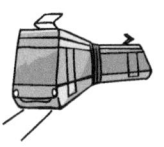

tramvaj

el tranvía

vagon

el vagón

helikopter

el helicóptero

zrakoplovna luka

el aeropuerto

toranj

la torre

putnik

el pasajero

kontejner

el contenedor

karton

la caja de cartón

kolica

la carretilla

košara

la canasta

uzletjeti / sletjeti

despegar / aterrizar

grad
la ciudad

selo

el pueblo

centar grada

el centro de la ciudad

kuća

la casa

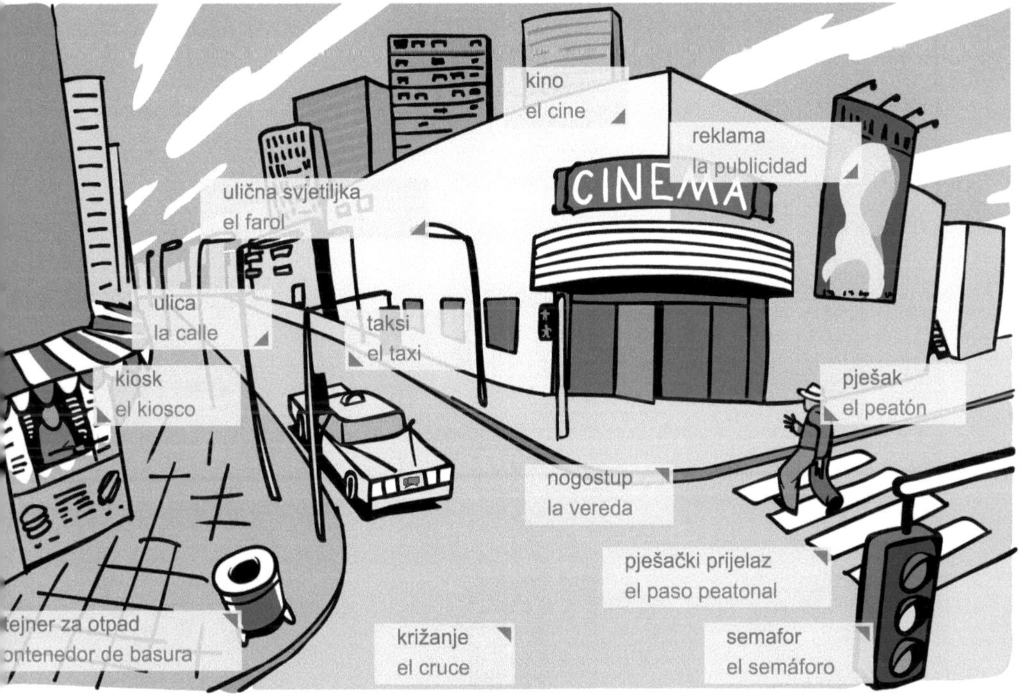

kino
el cine

reklama
la publicidad

ulična svjetiljka
el farol

ulica
la calle

taksi
el taxi

kiosk
el kiosco

pješak
el peatón

nogostup
la vereda

pješački prijelaz
el paso peatonal

ejner za otpad
ontenedor de basura

križanje
el cruce

semafor
el semáforo

koliba
la cabaña

stan
el departamento

kolodvor
la estación de tren

vijećnica
la municipalidad

muzej
el museo

škola
el colegio

grad - la ciudad

sveučilište

la universidad

banka

el banco

bolnica

el hospital

hotel

el hotel

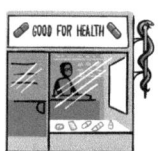

ljekarna

la farmacia

ured

la oficina

knjižara

la librería

prodavaonica

el negocio

cvjećara

la florería

supermarket

el supermercado

trg

el mercado

robna kuća

las grandes tiendas

ribarnica

la pescadería

trgovački centar

el centro comercial

luka

el puerto

park
el parque

klupa
el banco

most
el puente

stepenice
las escaleras

podzemna željeznica
el subte

tunel
el túnel

autobusna stanica
la parada del colectivo

bar
el bar

restoran
el restaurante

poštansko sanduče
el buzón

ulični znak
el letrero

parkirni sat
el parquímetro

zoološki vrt
el zoológico

bazen
la pileta

džamija
la mezquita

seosko gazdinstvo

la granja

zagađenje okoliša

la contaminación

groblje

el cementerio

crkva

la iglesia

igralište

los juegos infantiles

hram

el templo

krajolik
el paisaje

list
la hoja

putokaz
el poste indicador

put
el camino

livada
la pradera

kamen
la piedra

drvo
el árbol

šetač
el excursionista

rijeka
el río

trava
la hierba

cvijet
la flor

dolina
el valle

planina
la montaña

jezero
el lago

šuma
el bosque

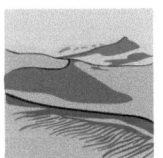

pustinja
el desierto

vulkan
el volcán

dvorac
el castillo

duga
el arco iris

gljiva
el champiñón

palma
la palmera

moskito
el mosquito

muha
la mosca

mrav
la hormiga

pčela
la abeja

pauk
la araña

buba

el escarabajo

žaba

la rana

vjeverica

la ardilla

jež

el erizo

zec

la liebre

sova

la lechuza

ptica

el pájaro

labud

el cisne

divlja svinja

el jabalí

jelen

el ciervo

los

el alce

nasip

la presa

vjetrenjača

el aerogenerador

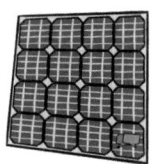

solarna ploča

el panel solar

klima

el clima

restoran

el restaurante

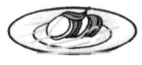

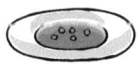

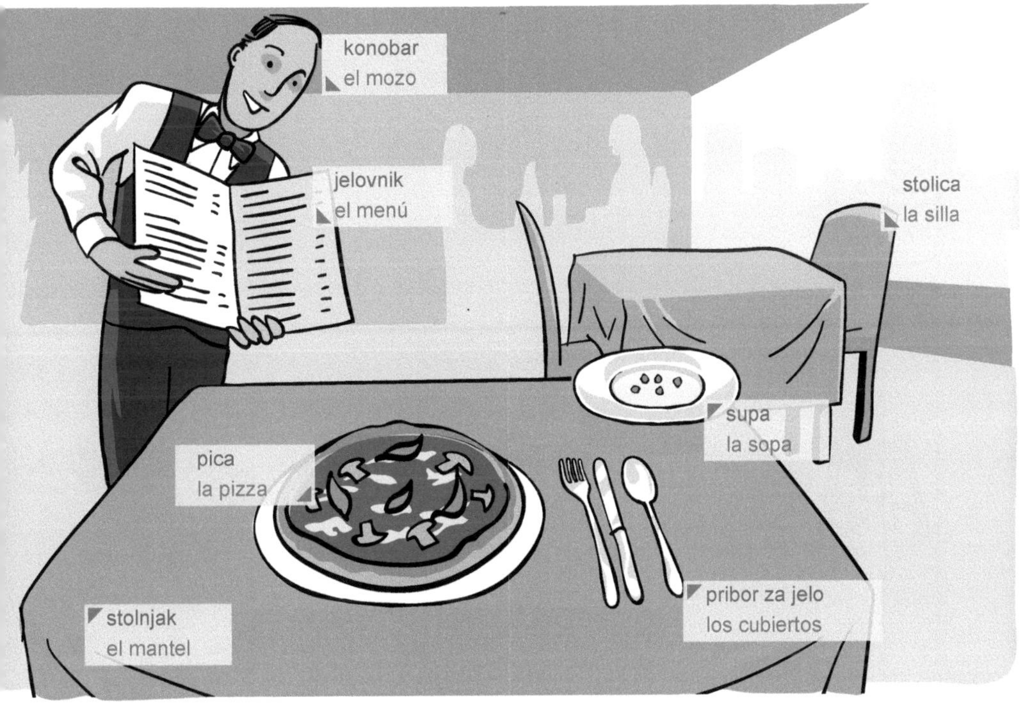

konobar
el mozo
jelovnik
el menú
stolica
la silla
supa
la sopa
pica
la pizza
stolnjak
el mantel
pribor za jelo
los cubiertos

predjelo

la entrada

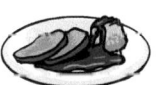

glavno jelo

el plato principal

desert

el postre

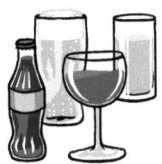

napitci

las bebidas

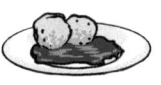

jelo

la comida

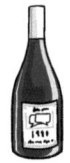

boca

la botella

fastfood

la comida rápida

imbis hrana

la comida callejera

čajnik

la tetera

doza za šećer

la azucarera

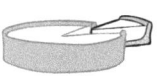

porcija

la porción

aparat za espresso

la cafetera expreso

visoka stolica

la sillita alta

račun

la cuenta

pladanj

la bandeja

nož

el cuchillo

vilica

el tenedor

žlica

la cuchara

čajna žlica

la cucharita

ubrus

la servilleta

čaša

el vaso

restoran - el restaurante

tanjur
el plato

tanjur za supu
el plato hondo

tanjurić
el plato

sos
la salsa

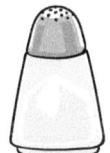

soljenka
el salero

mlin za biber
el molinillo de pimienta

ocat
el vinagre

ulje
el aceite

začini
las especias

kečap
el kétchup

senf
la mostaza

majoneza
la mayonesa

supermarket
el supermercado

ponuda
la oferta especial
FOR
kupac
el cliente
mliječni proizvodi
los lácteos
voće
la fruta
kolica za kupnju
el changuito

BUTCHERS

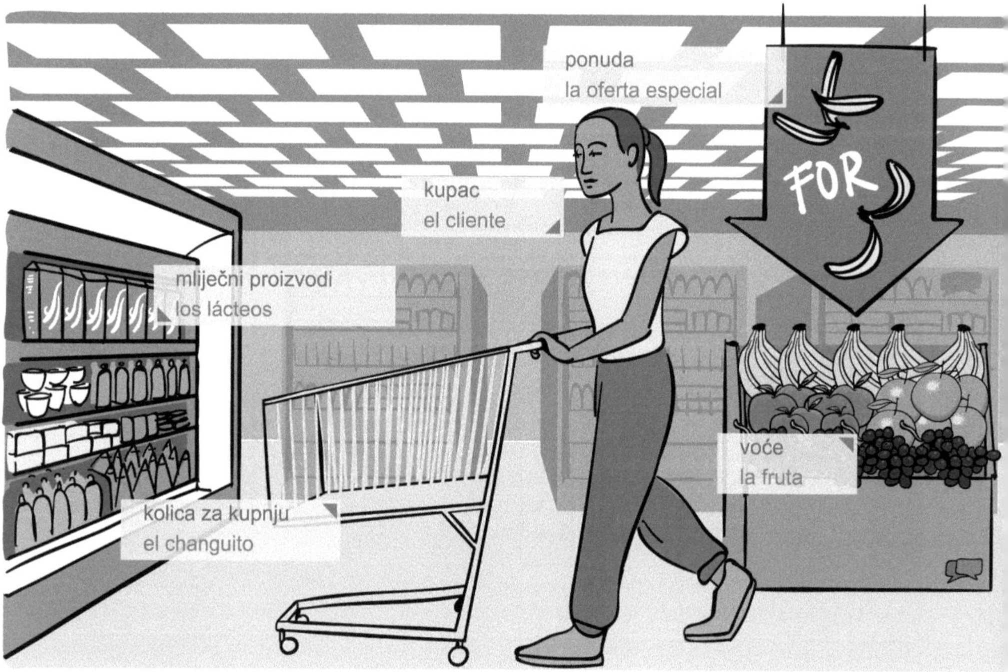

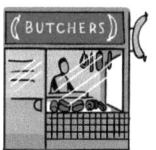

mesnica

la carnicería

BAKERY

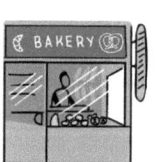

pekarnica

la panadería

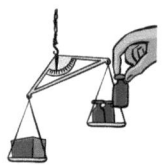

vagati

pesar

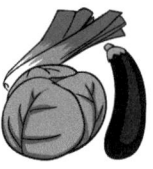

povrće

las verduras

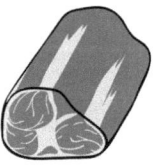

meso

la carne

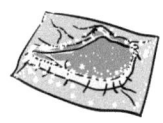

duboko smrznuta hrana

los alimentos congelados

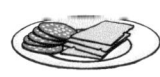

narezak

los fiambres

konzerve

los alimentos enlatados

sredstvo za pranje

el detergente en polvo

slatkiši

las golosinas

artikli za domaćinstvo

los electrodomésticos

sredstva za čišćenje

los productos de limpieza

prodavačica

la vendedora

blagajna

la caja

blagajnik

el cajero

lista za kupnju

la lista de compras

vrijeme rada

el horario de atención

novčanik

la billetera

kreditna kartica

la tarjeta de crédito

torba

la cartera

plastična vrećica

la bolsa de plástico

voda

el agua

sok

el jugo

mlijeko

la leche

cola

la bebida cola

vino

el vino

pivo

la cerveza

alkohol

el alcohol

kakao

el cacao

čaj

el té

kava

el café

espresso

el café expreso

cappuccino

el cappuccino

banana

la banana

jabuka

la manzana

naranča

la naranja

lubenica

el melón

limun

el limón

mrkva

la zanahoria

češnjak

el ajo

bambus

el bambú

luk

la cebolla

gljiva

el champiñón

orašasti plodovi

las nueces

rezanci

los fideos

špagete

los tallarines

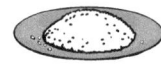

riža

el arroz

salata

la ensalada

pomfrit

las papas fritas

pečeni krumpir

las papas fritas

pica

la pizza

hamburger

la hamburguesa

sendvič

el sándwich

šnicla

el churrasco

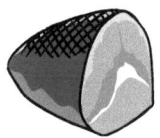

pršut

el jamón

salama

el salame

kobasica

la salchicha

kokoš

el pollo

pečenje

el asado

riba

el pescado

zobene pahuljice

los copos de avena

musli

el muesli

kukuruzne pahuljice

los copos de maíz

brašno

la harina

roščić

la medialuna

pecivo

el pancito

kruh

el pan

toast

la tostada

keksi

las galletitas

maslac

la manteca

svježi sir

la cuajada

kolač

la torta

jaje

el huevo

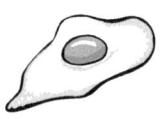

jaje na oko

el huevo frito

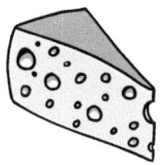

sir

el queso

sladoled

el helado

šećer

el azúcar

med

la miel

marmelada

la mermelada

nugat krema

la pasta de chocolate

curry

el curry

seosko gazdinstvo
la granja

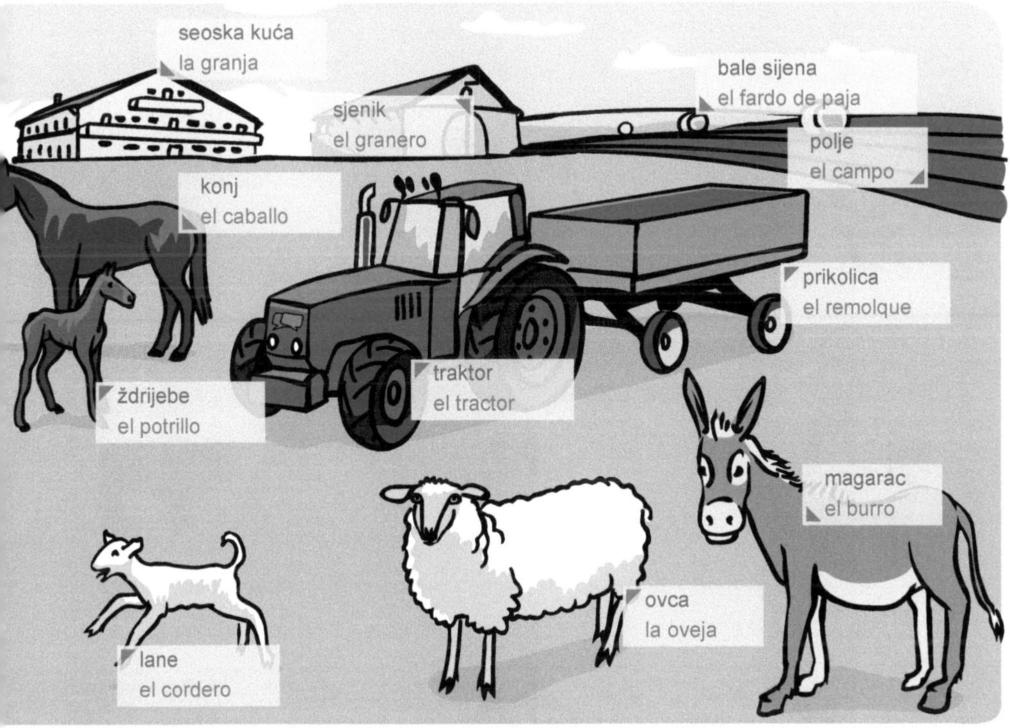
seoska kuća
la granja
sjenik
el granero
bale sijena
el fardo de paja
polje
el campo
konj
el caballo
prikolica
el remolque
traktor
el tractor
ždrijebe
el potrillo
magarac
el burro
ovca
la oveja
lane
el cordero

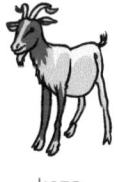

koza
la cabra

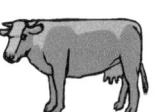

krava
la vaca

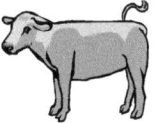

tele
el ternero

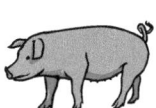

svinja
el cerdo

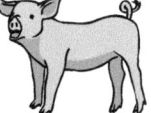

prase
el lechón

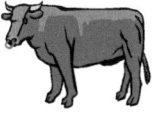

bik
el toro

guska

el ganso

patka

el pato

pilići

el pollo

kokoš

la gallina

pijetao

el gallo

pacov

la rata

mačka

el gato

miš

el ratón

vol

el buey

pas

el perro

kućica za psa

la cucha

vrtno crijevo

la manguera

kanta za polijevanje

la regadera

kosa

la guadaña

plug

el arado

srp
la hoz

motika
la azada

vilica za gnojivo
la horquilla

sjekira
el hacha

tačke
la carretilla

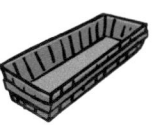

korito
el abrevadero

posuda za mlijeko
la lechera

vreća
la bolsa

ograda
la reja

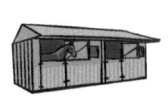

štala
el establo

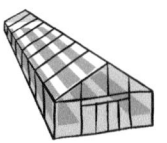

staklenik
el invernadero

zemlja
el suelo

sjeme
la semilla

gnojivo
el fertilizador

kombajn
la cosechadora

seosko gazdinstvo - la granja

žanjati
cosechar

žetva
la cosecha

yams začin
las batatas

pšenica
el trigo

soja
la soja

krumpir
la papa

kukuruz
el maíz

uljana repica
la semilla de colza

voćka
el árbol frutal

gomolj manioke
la mandioca

žitarice
los cereales

kuća
la casa

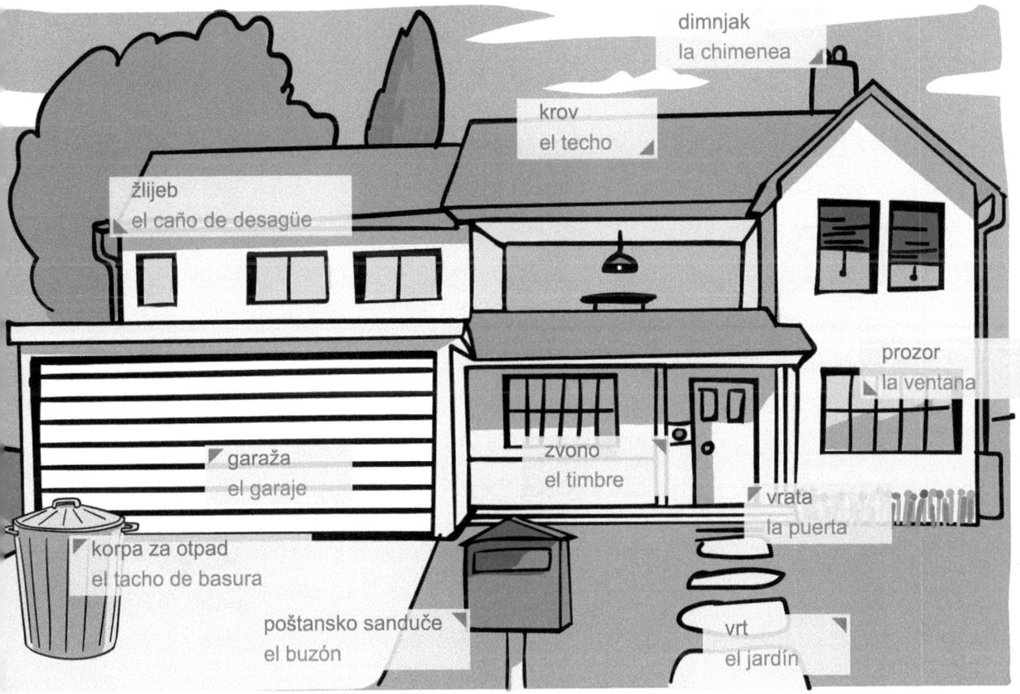
dimnjak
la chimenea
krov
el techo
žlijeb
el caño de desagüe
prozor
la ventana
garaža
el garaje
zvono
el timbre
vrata
la puerta
korpa za otpad
el tacho de basura
poštansko sandučе
el buzón
vrt
el jardín

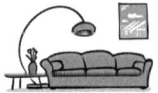

dnevna soba

el living

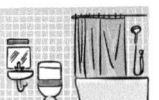

kupaonica

el baño

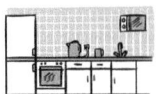

kuhinja

la cocina

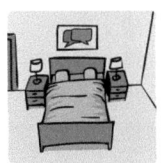

spavaća soba

el dormitorio

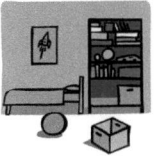

dječija soba

el cuarto de los chicos

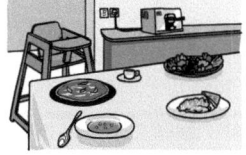

trpezarija

el comedor

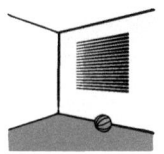

pod
....
el piso

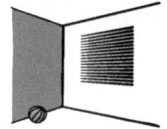

zid
....
la pared

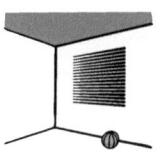

strop
....
el cielorraso

podrum
....
el sótano

sauna
....
el sauna

balkon
....
el balcón

terasa
....
la terraza

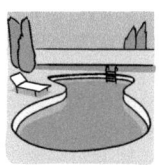

bazen
....
la pileta

kosilica za travu
....
la cortadora de pasto

posteljina za krevet
....
la sábana

deka za krevet
....
el acolchado

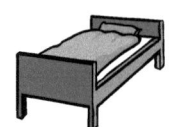

krevet
....
la cama

metla
....
la escoba

kanta
....
el balde

sklopka
....
el interruptor

dnevna soba
el living

tapeta
el empapelado
slika
la imagen
svjetiljka
la lámpara
regal
el estante
ormar
el armario
televizija
la televisión
kamin
la chimenea
cvijet
la flor
jastuk
el almohadón
kauč
el sofá
vaza
el florero
daljinski upravljač
el control remoto

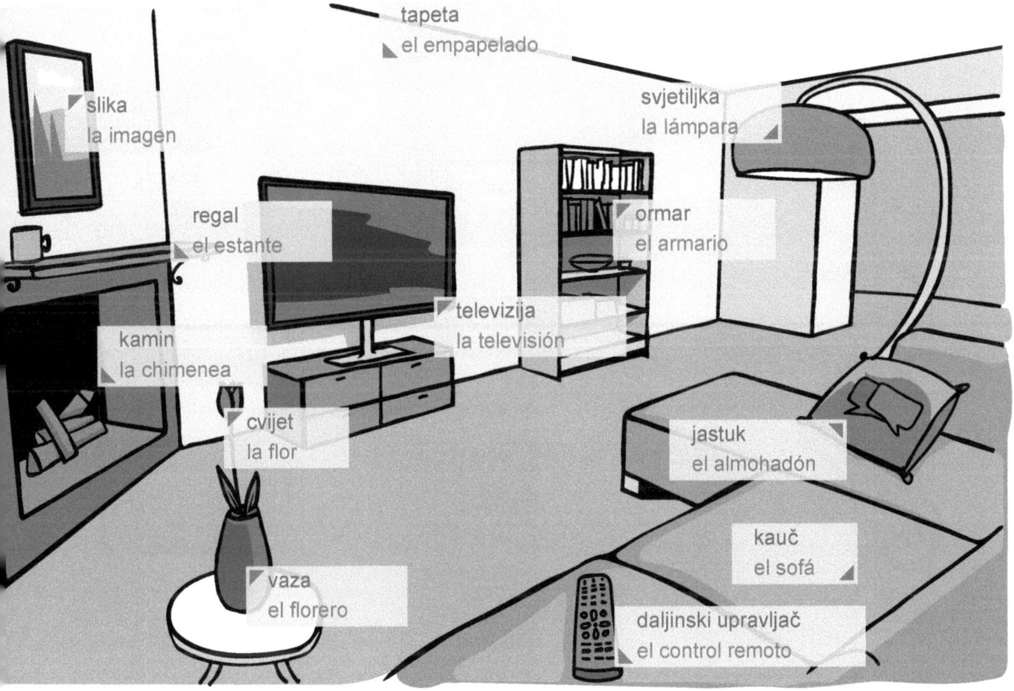

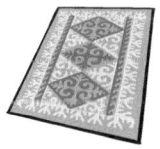

tepih
la alfombra

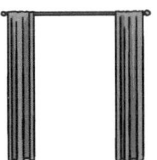

zavjesa
la cortina

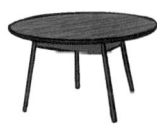

stol
la mesa

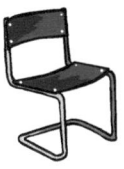

stolica
la silla

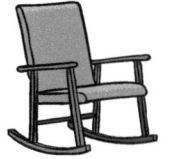

stolica za njihanje
la mecedora

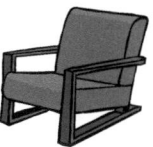

fotelja
el sillón

knjiga
el libro

deka
la frazada

dekoracija
la decoración

drvo za ogrjev
la leña

film
la película

stereo uređaj
el equipo de música

ključ
la llave

novine
el diario

slika na platnu
la pintura

poster
el póster

radio
la radio

blok za pisanje
el cuaderno

usisavač
la aspiradora

kaktus
el cactus

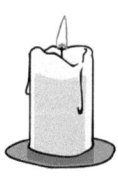

svijeća
la vela

kuhinja
la cocina

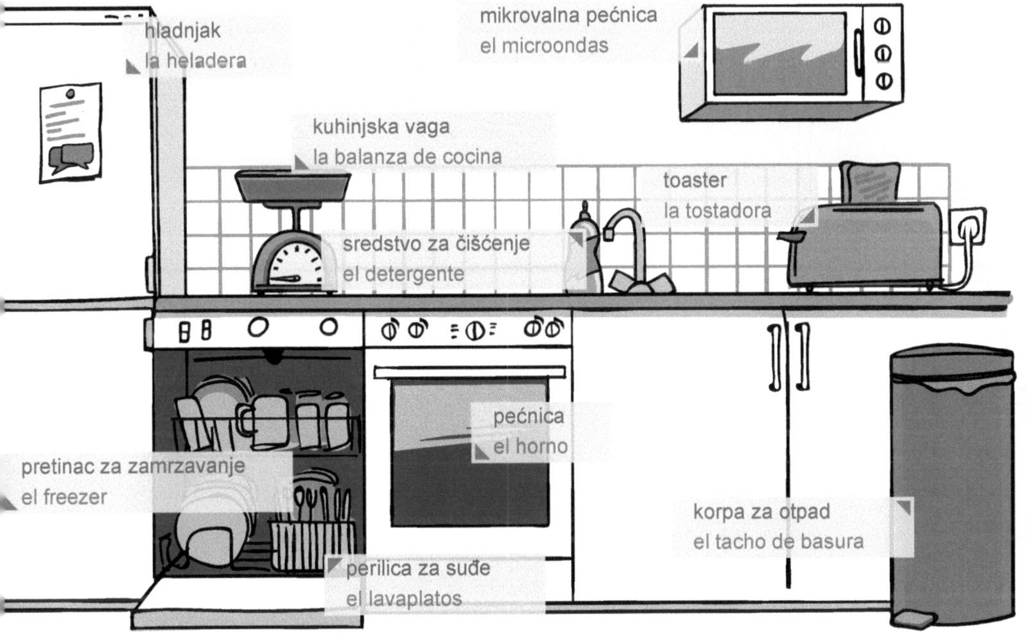

hladnjak
la heladera
mikrovalna pećnica
el microondas
kuhinjska vaga
la balanza de cocina
toaster
la tostadora
sredstvo za čišćenje
el detergente
pećnica
el horno
pretinac za zamrzavanje
el freezer
korpa za otpad
el tacho de basura
perilica za suđe
el lavaplatos

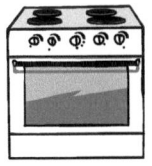

štednjak

la cocina

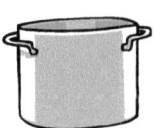

lonac

la olla

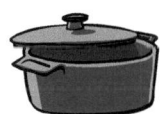

željezni lonac

la olla de hierro fundido

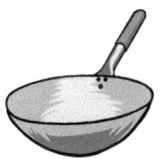

wok / kadai

el wok

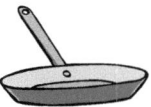

tava

la sartén

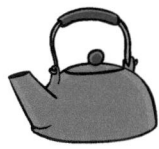

kuhalo za vodu

la pava

kuhalo na paru

la vaporera

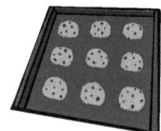

lim za pečenje

la bandeja de horno

posuđe

la vajilla

čaša

la taza

zdjela

el bol

štapići za jelo

los palitos

kutljača

el cucharón

lopatica

la espátula

pjenjača

la batidora

sito za kuhanje

el colador

sito

el colador

ribež

el rallador

mužar

el mortero

roštilj

la parrilla

ognjište

la fogata

daska
la tabla de picar

oklagija
el palo de amasar

vadičep
el sacacorchos

konzerva
la lata

otvarač konzervi
el abrelatas

krpa za lonac
la manopla

sudoper
la pileta

četka
el cepillo

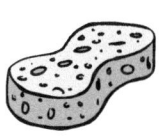

spužva
la esponja

mikser
la batidora

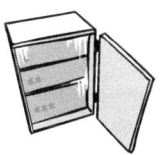

zamrzivač
el congelador

bočica za bebe
la mamadera

slavina za vodu
la canilla

kupaonica
el baño

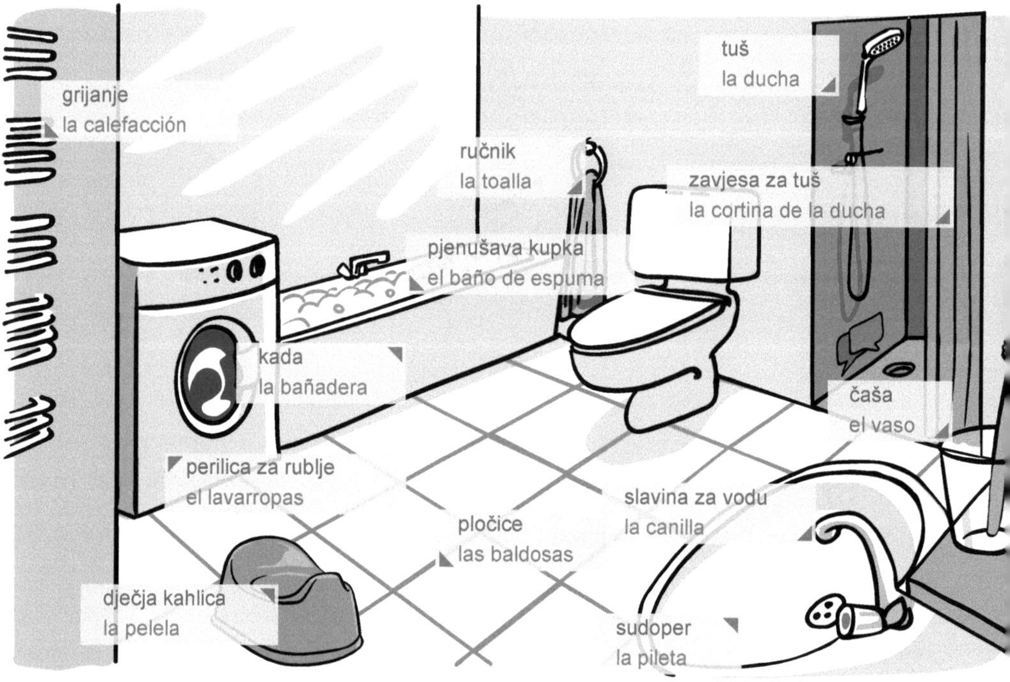
grijanje
la calefacción
ručnik
la toalla
tuš
la ducha
zavjesa za tuš
la cortina de la ducha
pjenušava kupka
el baño de espuma
kada
la bañadera
čaša
el vaso
perilica za rublje
el lavarropas
slavina za vodu
la canilla
pločice
las baldosas
dječja kahlica
la pelela
sudoper
la pileta

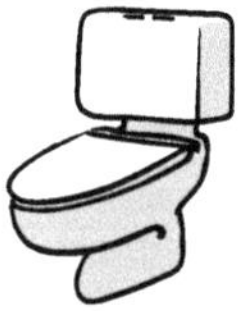
toalet
el inodoro

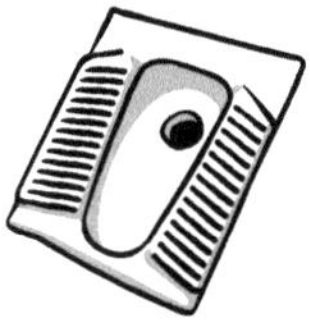
čučavac
la letrina

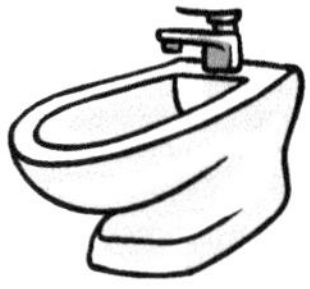
bidet
el bidé

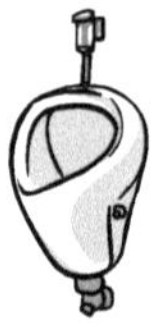
pisoar
el mingitorio

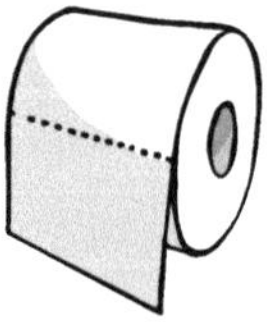
papir za toalet
el papel higiénico

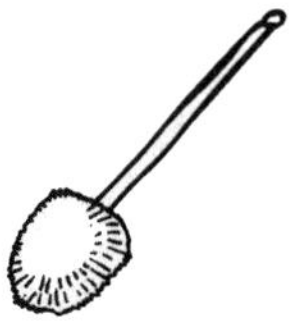
četka za toalet
el cepillo para el inodoro

četkica za zube

el cepillo de dientes

pasta za zube

el dentífrico

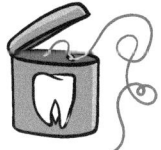

konac za zube

el hilo dental

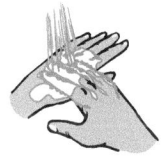

prati

lavar

tuš ručica

la ducha de mano

tuš za pranje intimnih dijelova

la ducha higiénica

lavor

la palangana

četka za pranje leđa

el cepillo para la espalda

sapun

el jabón

gel za tuširanje

el gel de ducha

šampon

el shampoo

krpa za pranje

la toallita

odvod

el desagüe

krema

la crema

dezodorans

el desodorante

ogledalo

el espejo

kozmetičko ogledalo

el espejito

brijač

la maquinita de afeitar

pjena za brijanje

la espuma de afeitar

losion za poslije brijanja

el aftershave

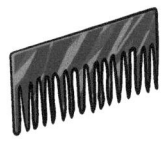

češalj

el peine

četka

el cepillo

sušilo za kosu

el secador de pelo

sprej za kosu

el spray

makeup

el maquillaje

ruž za usne

el lápiz de labios

lak za nokte

el esmalte para uñas

vata

el algodón

škare za nokte

la tijera para uñas

parfem

el perfume

neseser
el portacosméticos

stolica
la banqueta

vaga
la balanza

ogrtač
la bata

rukavice za čišćenje
los guantes de goma

tampon
el tampón

uložak
la toallita femenina

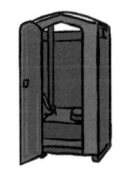

kemijski toalet
el baño químico

el cuarto de los chicos

budilnik
el despertador

plišana igračka
el peluche

auto igračka
el coche de juguete

zvečka
el sonajero

kućica za lutke
la casa de muñecas

poklon
el regalo

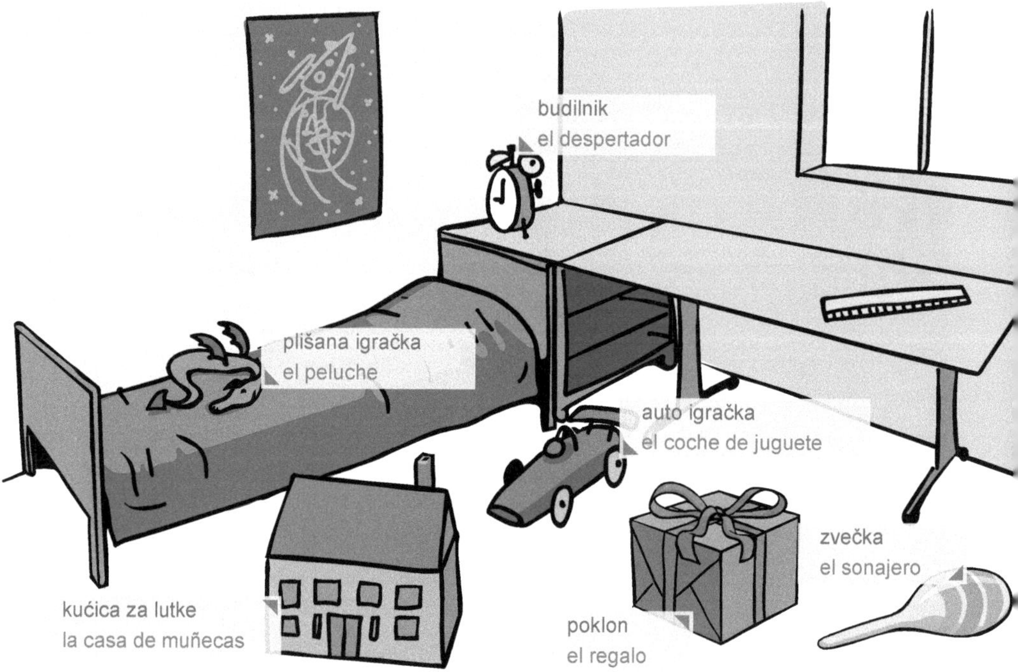

balon

el globo

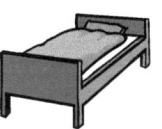

krevet

la cama

dječija kolica

el cochecito

igra s kartama

las cartas

slagalica

el rompecabezas

strip

la historieta

42

dječija soba - el cuarto de los chicos

lego kockice

las piezas de lego

kockice za slaganje

los ladrillos de juguete

akcioni junak

la figura de acción

kombinezon za bebe

el enterito (de bebé)

frizbi

el frisbee

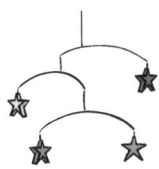

viseće igračke

el móvil para bebés

društvene igre

el juego de mesa

kocka

los dados

minijaturna željeznica

el tren eléctrico

duda

el chupete

tulum

la fiesta

slikovnica

el libro de cuentos ilustrado

lopta

la pelota

lutka

la muñeca

igrati

jugar

pješčanik

el arenero

ljuljačka

la hamaca

igračka

los juguetes

konzola za igre

la consola de videojuegos

tricikl

el triciclo

plišani medo

el osito de peluche

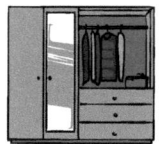

ormar

el armario

odjeća
la ropa

kratke čarape

las medias

čarape

las medias panty

hulahopke

las calzas

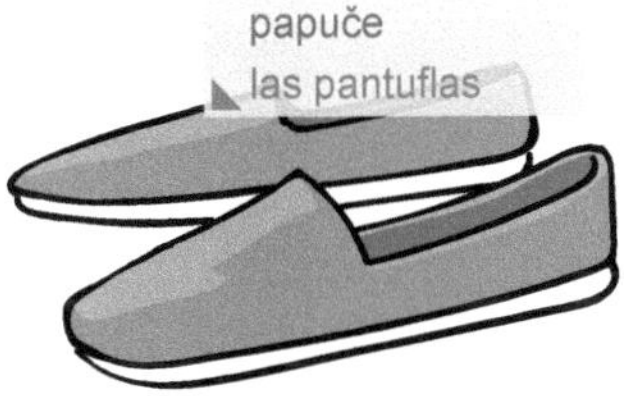

šal
la bufanda

kišobran
el paraguas

t-shirt
la remera

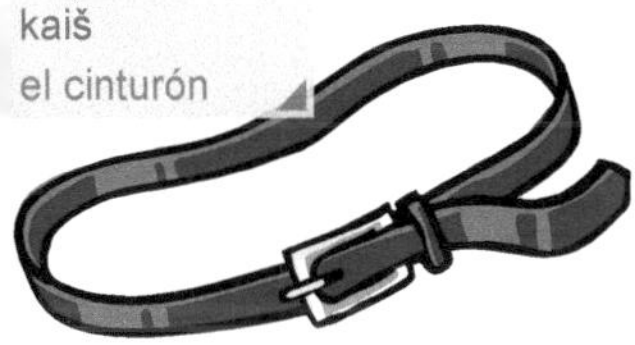

kaiš
el cinturón

papuče
las pantuflas

čizme
las botas

patike
las zapatillas

sandale
....
las sandalias

cipele
....
los zapatos

gumene čizme
....
las botas de goma

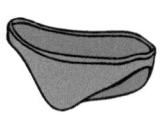

gaćice
....
la ropa interior

grudnjak
....
el corpiño

potkošulja
....
el chaleco

bodi
....
el body

hlače
....
los pantalones

džins
....
los jeans

haljina
....
la pollera

bluza
....
la blusa

košulja
....
la camisa

džemper
....
el pulóver

pulover s kapuljačom
....
el buzo

blejzer
....
el blazer

jakna
....
la campera

kaput
....
el tapado

kabanica
....
el piloto

kostim
....
el traje

haljina
....
el vestido

vjenčanica
....
el vestido de novia

odijelo

el traje

spavaćica

el camisón

pidžama

el pijama

sari

el sari

rubac

el pañuelo para la cabeza

turban

el turbante

burka

la burka

kaftan

el caftán

abaja

la abaya

kupaći kostim

el traje de baño

kupaće gaćice

el short de baño

kratke hlače

los shorts

odjeća za trening

el jogging

pregača

el delantal

rukavice

los guantes

odjeća - la ropa

gumb

el botón

naočale

los anteojos

narukvica

la pulsera

ogrlica

el collar

prsten

el anillo

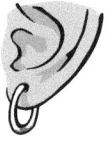

naušnica

el aro

kapa

la gorra

vješalica

la percha

šešir

el sombrero

kravata

la corbata

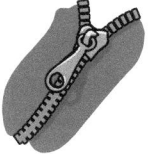

patent zatvarač

el cierre

kaciga

el casco

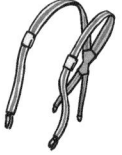

naramenice

los tiradores

školska uniforma

el uniforme escolar

uniforma

el uniforme

podbradak

el babero

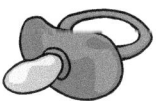

duda

el chupete

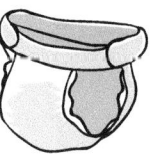

pelena

el pañal

server
el servidor

ormar za spise
el archivero

pisač
la impresora

monitor
el monitor

papir
el papel

pisaći stol
el escritorio

miš
el mouse

mapa
la carpeta

tipkovnica
el teclado

košara za papir
el tacho (de basura)

stolica
la silla

računar
la computadora

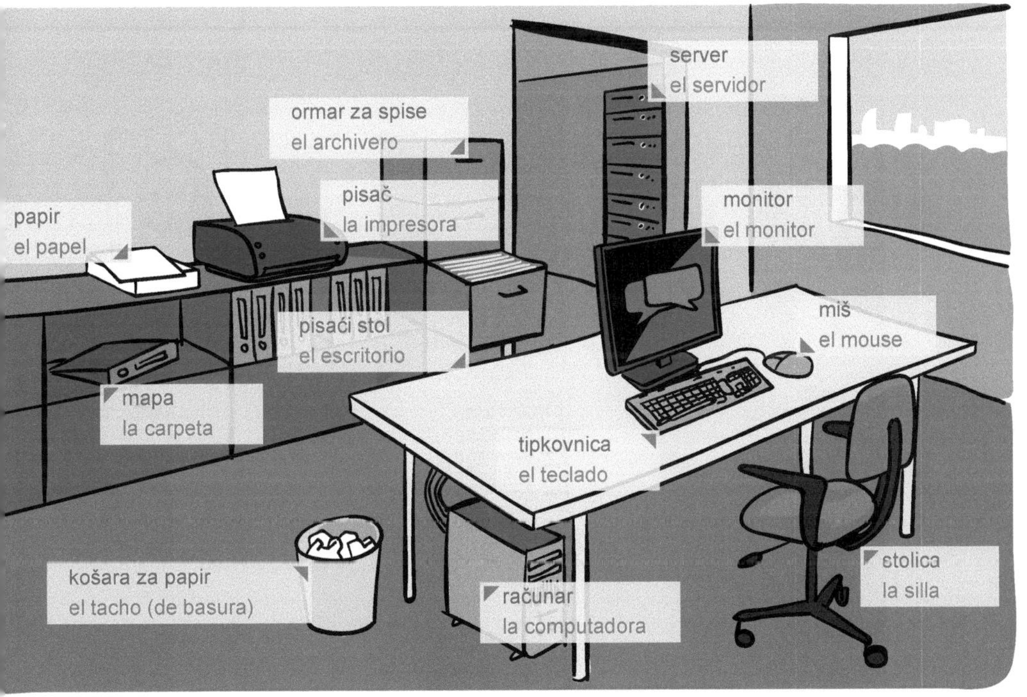

šalica za kavu

la taza de café

kalkulator

la calculadora

internet

el internet

ured - la oficina

49

laptop

la laptop

pismo

la carta

poruka

el mensaje

mobilni telefon

el celular

mreža

la red

uređaj za kopiranje

la fotocopiadora

softver

el software

telefon

el teléfono

utičnica

el tomacorriente

faks

el fax

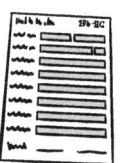

obrazac

el formulario

dokument

el documento

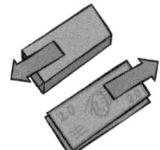

kupovati

comprar

platiti

pagar

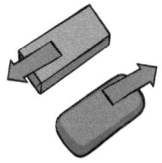

trgovati

hacer negocios

novac

el dinero

dolar

el dólar

euro

el euro

jen

el yen

rubalj

el rublo

švicarski franak

el franco suizo

renmindbi yuan

el yuan

rupija

la rupia

automat za novac

el cajero automático

mjenjačnica

la casa de cambio

zlato

el oro

srebro

la plata

nafta

el petróleo

energija

la energía

cijena

el precio

ugovor

el contrato

porez

el impuesto

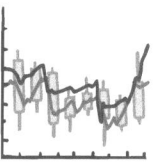

dionica

la acción

raditi

trabajar

službenik

el empleado

poslodavac

el empleador

tvornica

la fábrica

prodavaonica

el negocio

zanimanja
las ocupaciones

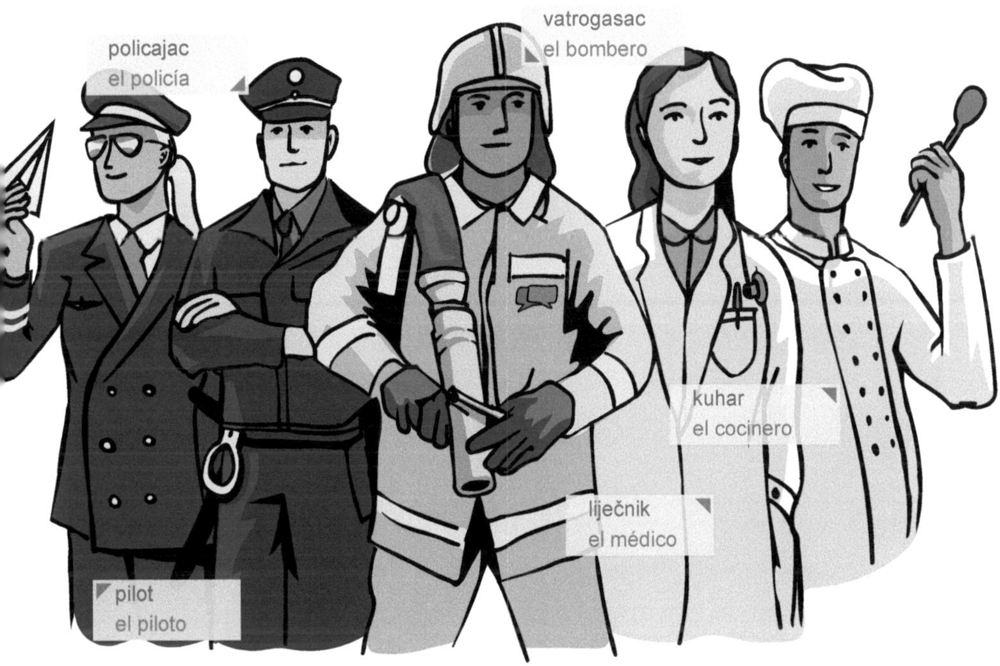
policajac
el policía
vatrogasac
el bombero
kuhar
el cocinero
liječnik
el médico
pilot
el piloto

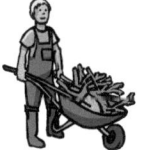

vrtlar

....

el jardinero

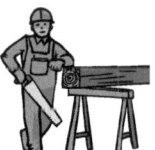

stolar

....

el carpintero

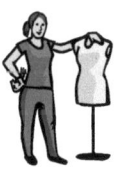

krojačica

....

la modista

sudija

....

el juez

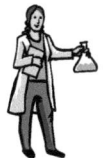

kemičar

....

el farmacéutico

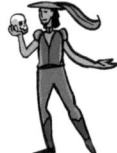

glumac

....

el actor

vozač autobusa	vozač taksija	ribar
el colectivero	el taxista	el pescador

čistačica	krovopokrivač	konobar
la mucama	el techista	el mozo

lovac	slikar	pekar
el cazador	el pintor	el panadero

električar	građevinski radnik	inženjer
el electricista	el albañil	el ingeniero

mesar	limar	poštar
el carnicero	el plomero	el cartero

vojnik

el soldado

arhitekta

el arquitecto

blagajnik

el cajero

cvjećar

el florista

frizer

el peluquero

kondukter

el cobrador

mehaničar

el mecánico

kapetan

el capitán

zubar

el dentista

znanstvenik

el científico

rabi

el rabino

imam

el imán

monah

el monje

svećenik

el sacerdote

alati
las herramientas

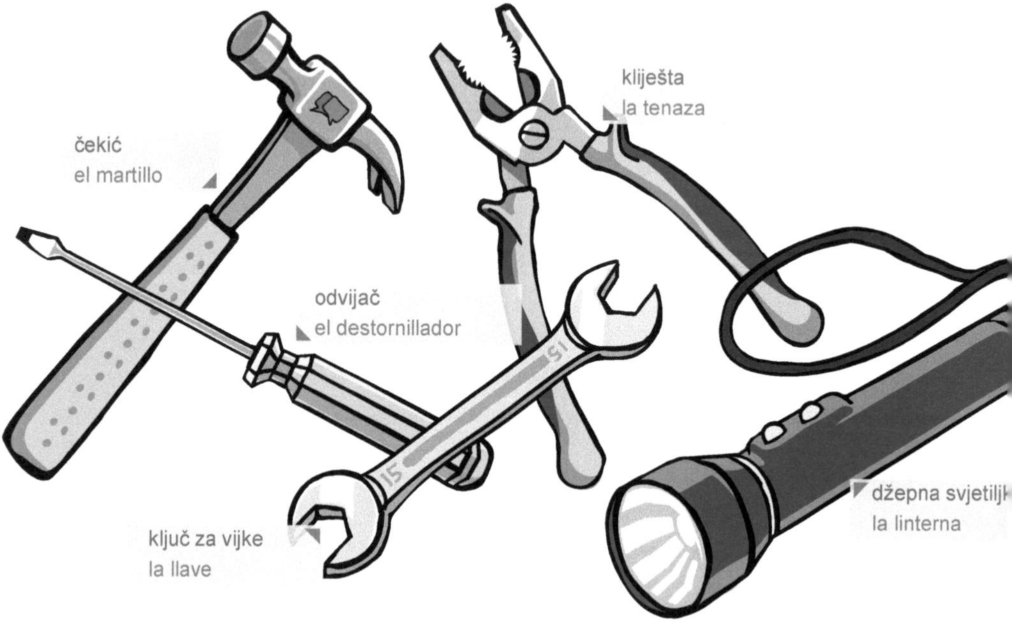

klješta
la tenaza
čekić
el martillo
odvijač
el destornillador
ključ za vijke
la llave
džepna svjetiljk
la linterna

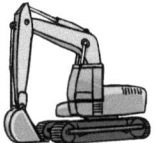

rovokopač
la excavadora

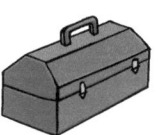

kutija za alat
la caja de herramientas

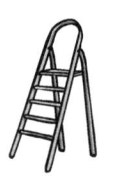

ljestve
la escalera portátil

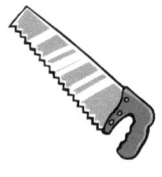

pila
la sierra

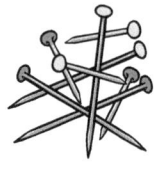

ekser
los clavos

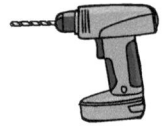

bušilica
el taladro

popraviti

arreglar

lopata

la pala de jardín

Sranje!

¡Qué bronca!

lopatica

la pala de plástico

lonac za boju

el tacho de pintura

vijci

los tornillos

glazbeni instrument
los instrumentos musicales

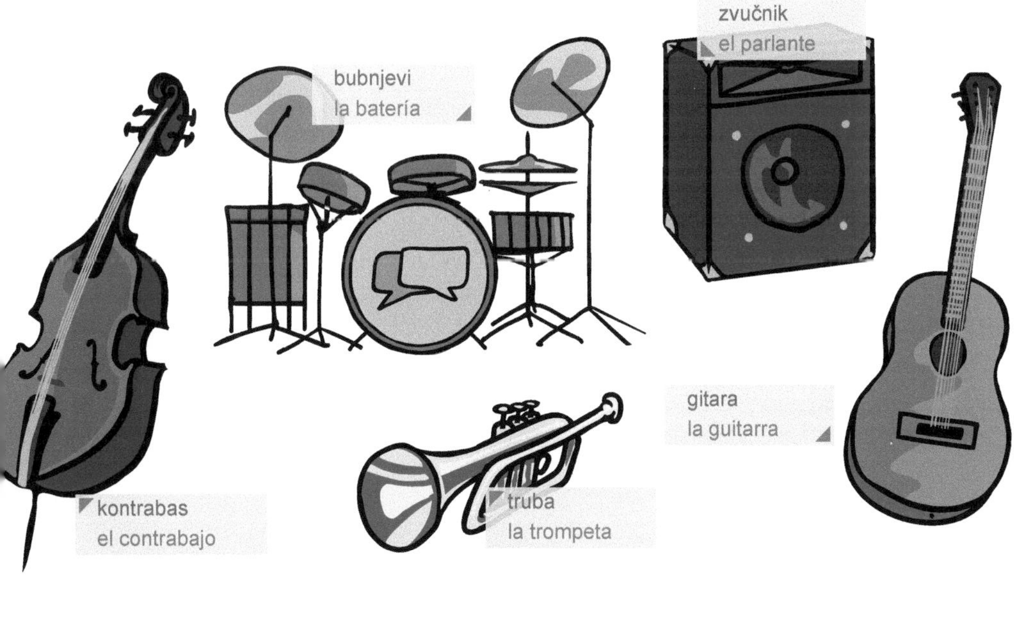

bubnjevi
la batería

zvučnik
el parlante

gitara
la guitarra

kontrabas
el contrabajo

truba
la trompeta

klavir

el piano

violina

el violín

bas

el bajo

timpani

los timbales

udaraljke za bubnjeve

el tambor

keyboard

el teclado

saksofon

el saxofón

flauta

la flauta

mikrofon

el micrófono

zoološki vrt
el zoológico

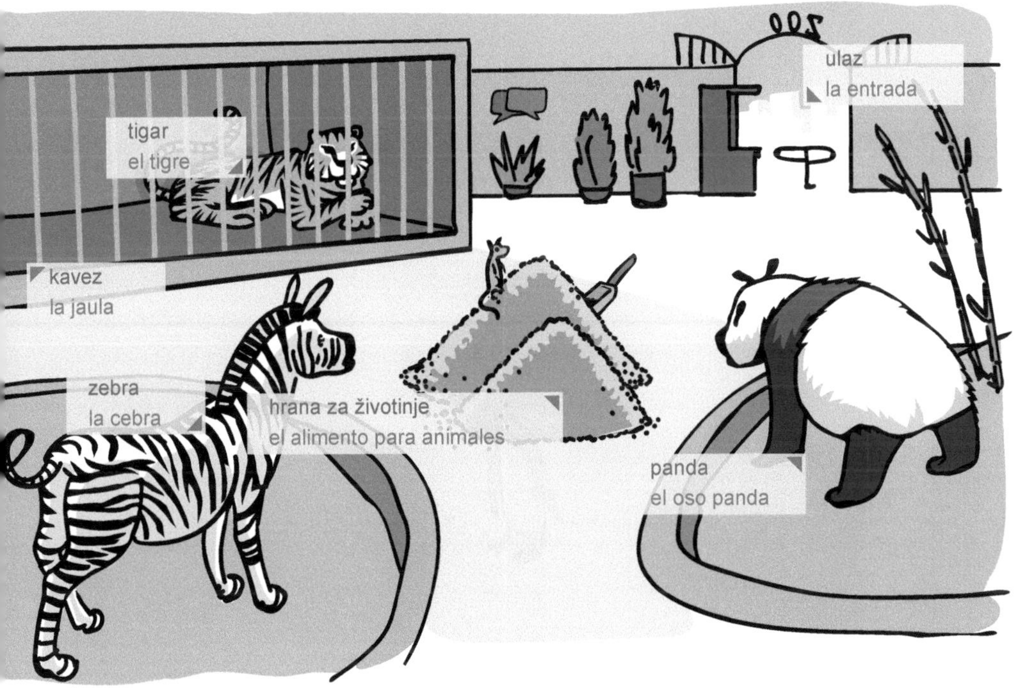

ulaz
la entrada
tigar
el tigre
kavez
la jaula
zebra
la cebra
hrana za životinje
el alimento para animales
panda
el oso panda

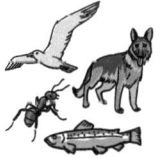

životinje

los animales

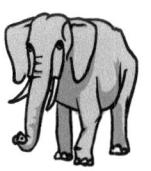

slon

el elefante

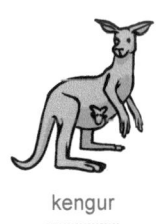

kengur

el canguro

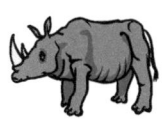

nosorog

el rinoceronte

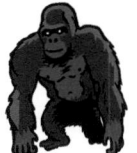

gorila

el gorila

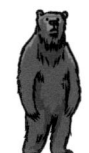

medvjed

el oso

kamila
el camello

noj
el avestruz

lav
el león

majmun
el mono

flamingo
el flamenco

papagaj
el loro

polarni medvjed
el oso polar

pingvin
el pingüino

ajkula
el tiburón

paun
el pavo real

zmija
la serpiente

krokodil
el cocodrilo

čuvar u zoološkom vrtu
el cuidador del zoológico

tuljan
la foca

jaguar
el jaguar

poni	leopard	nilski konj
el poni	el leopardo	el hipopótamo

žirafa	orao	divlja svinja
la jirafa	el águila	el jabalí

riba	kornjača	morž
el pescado	la tortuga	la morsa

lisica	gazela
el zorro	la gacela

američki nogomet
el fútbol americano

biciklizam
el ciclismo

tenis
el tenis

košarka
el básquet

plivanje
la natación

boks
el boxeo

hockey na ledu
el hockey sobre hielo

nogomet
el fútbol

badminton
el bádminton

atletika
el atletismo

rukomet
el handball

skijanje
el esquí

polo
el polo

smijati se
reír

skočiti
saltar

zagrliti
abrazar

ići
caminar

pjevati
cantar

sanjati
soñar

moliti se
rezar

poljubiti
besar

| pisati | crtati | pokazati |
| escribir | dibujar | mostrar |

| gurati | dati | uzeti |
| presionar | dar | tomar |

imati
tener

činiti
hacer

biti
ser

stojati
estar parado

trčati
correr

povlačiti
tirar

baciti
tirar

padati
caer

ležati
estar acostado

čekati
esperar

nositi
llevar

sjediti
estar sentado

oblačiti
vestirse

spavati
dormir

probuditi se
despertar

gledati

mirar

plakati

llorar

milovati

acariciar

češljati

peinar

govoriti

hablar

razumjeti

entender

pitati

preguntar

slušati

escuchar

piti

beber

jesti

comer

pospremiti

ordenar

voljeti

amar

kuhati

cocinar

voziti

manejar

letjeti

volar

ploviti

navegar

računati

calcular

čitati

leer

učiti

aprender

raditi

trabajar

vjenčati se

casarse

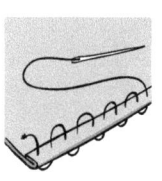

šiti

coser

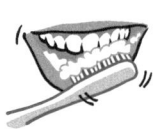

prati zube

cepillarse los dientes

ubiti

matar

pušiti

fumar

poslati

enviar

obitelj
la familia

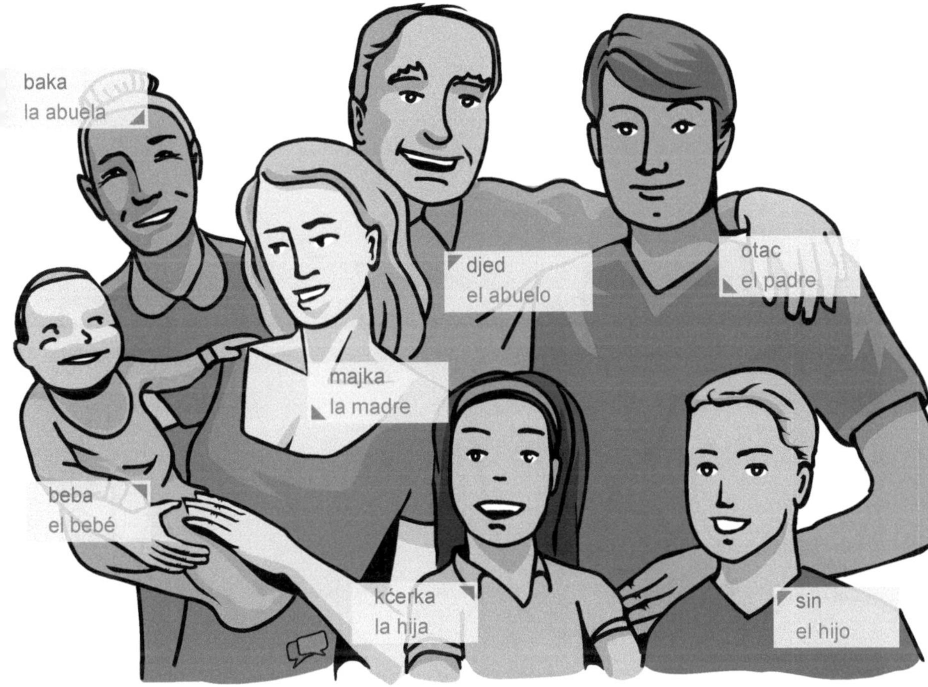
baka
la abuela
djed
el abuelo
otac
el padre
majka
la madre
beba
el bebé
kćerka
la hija
sin
el hijo

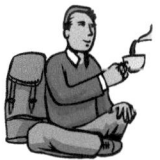

gost

el invitado

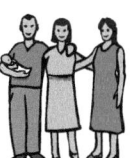

tetka

la tía

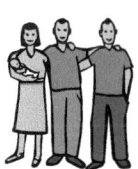

ujak, stric

el tío

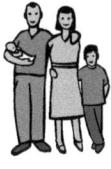

brat

el hermano

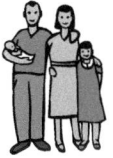

sestra

la hermana

tijelo
el cuerpo

čelo
la frente
oko
el ojo
rame
el hombro
prst
el dedo
lice
la cara
brada
la pera
ruka
la mano
noga
la pierna
grudi
el pecho
ruka
el brazo

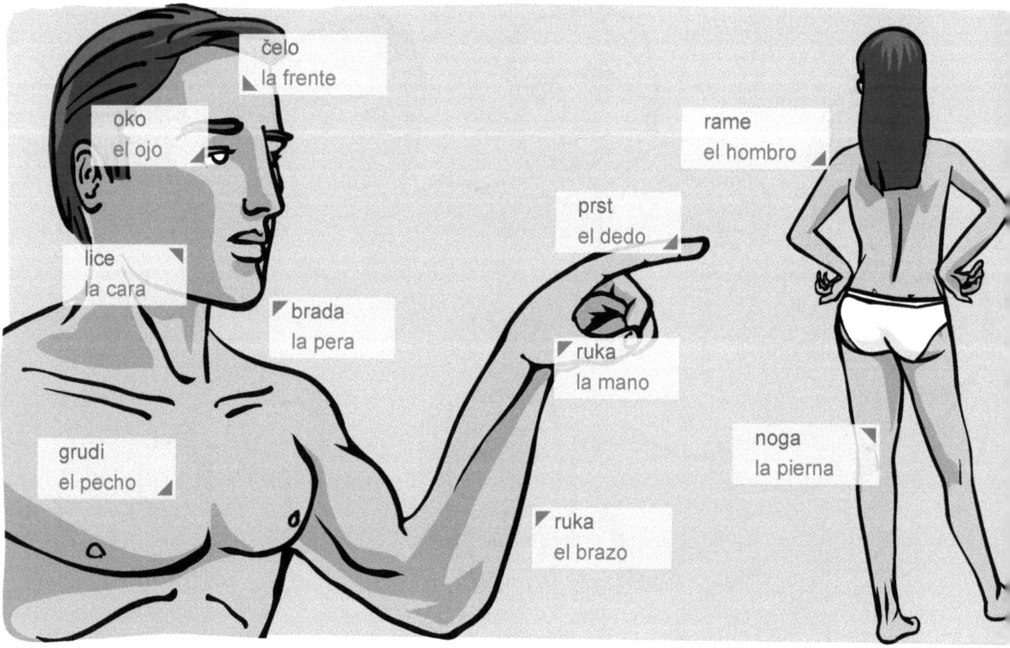

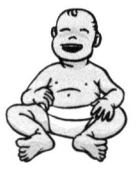

beba
el bebé

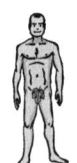

muškarac
el hombre

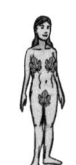

žena
la mujer

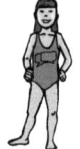

djevojčica
la nena

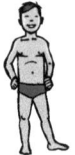

dječak
el nene

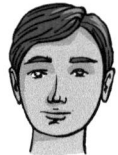

glava
la cabeza

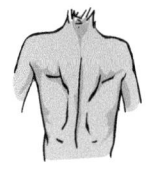

leđa
la espalda

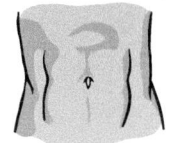

trbuh
la panza

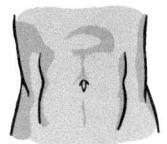

pupak
el ombligo

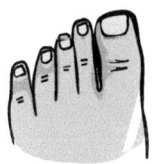

nožni prst
el dedo del pie

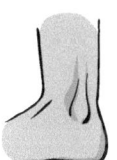

peta
el talón

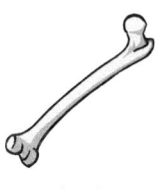

kost
el hueso

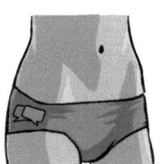

kuk
la cadera

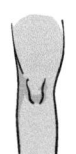

koljeno
la rodilla

lakat
el codo

nos
la nariz

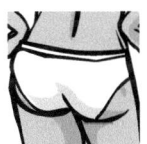

stražnjica
la cola

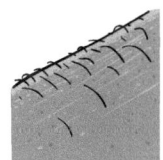

koža
la piel

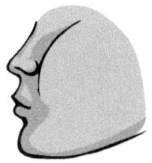

obraz
el cachete

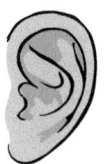

uho
la oreja

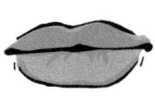

usna
el labio

usta

la boca

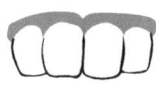

zub

el diente

jezik

la lengua

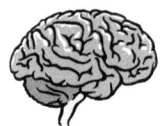

mozak

el cerebro

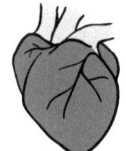

srce

el corazón

mišić

el músculo

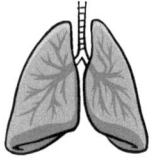

pluća

el pulmón

jetra

el hígado

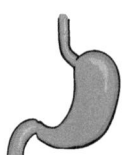

želudac

el estómago

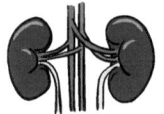

bubrezi

los riñones

snošaj

el sexo

kondom

el preservativo

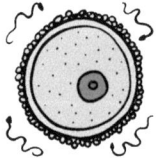

jajna stanica

el óvulo

sperma

el semen

trudnoća

el embarazo

tijelo - el cuerpo

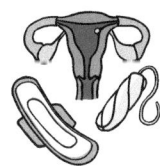

menstruacija
la menstruación

vagina
la vagina

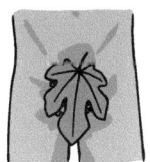

penis
el pene

obrva
la ceja

kosa
el pelo

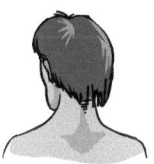

vrat
el cuello

tijelo - el cuerpo

bolnica
el hospital

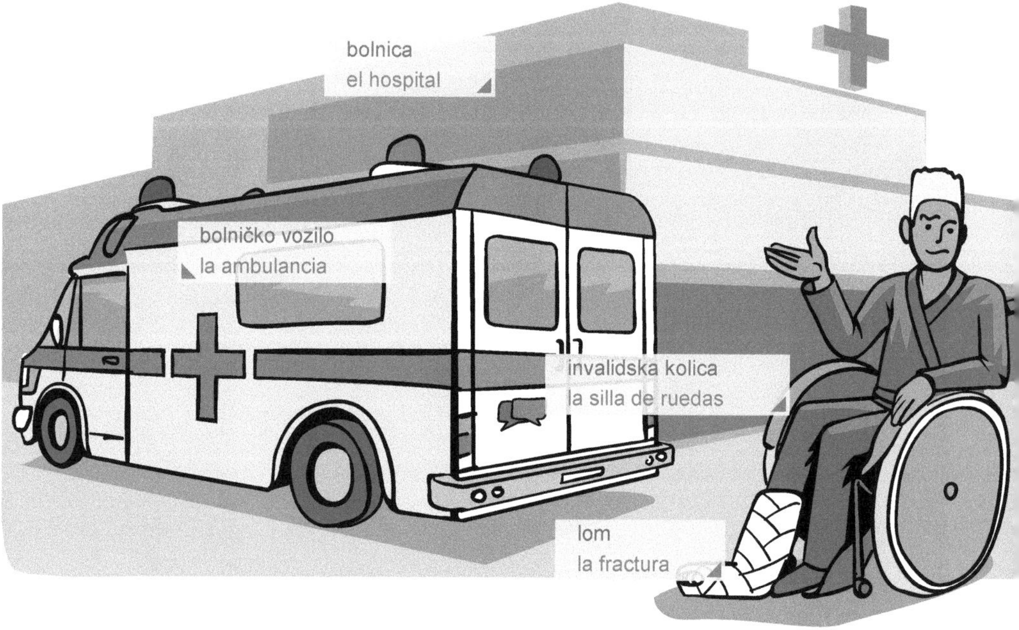

bolnica
el hospital

bolničko vozilo
la ambulancia

invalidska kolica
la silla de ruedas

lom
la fractura

liječnik
el médico

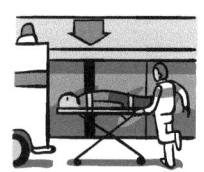

hitna medicinska služba
la sala de guardia

medicinska sestra
la enfermera

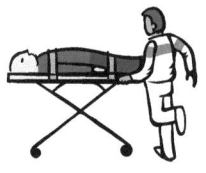

hitni slučaj
la emergencia

nesvijest
inconsciente

bol
el dolor

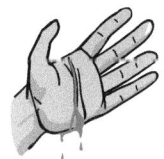

ozljeda

la lesión

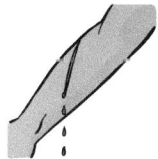

krvarenje

la hemorragia

srćani infarkt

el infarto

moždani udar

el ACV

alergija

la alergia

kašalj

la tos

groznica

la fiebre

gripa

la gripe

proljev

la diarrea

glavobolja

el dolor de cabeza

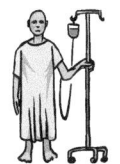

rak

el cáncer

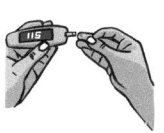

dijabetes

la diabetes

kirurg

el cirujano

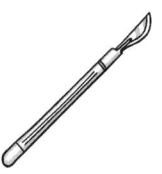

skalpel

el bisturí

operacija

la operación

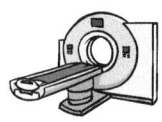

ct
la TC

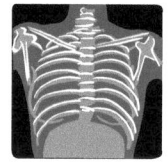

rentgen
los rayos x

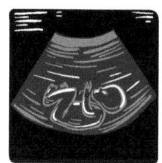

ultrazvuk
la ecografía

maska
el barbijo

bolest
la enfermedad

čekaonica
la sala de espera

štaka
la muleta

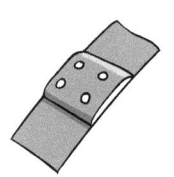

flaster
la curita

zavoj
la venda

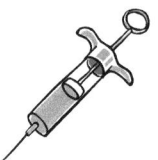

injekcija
la inyección

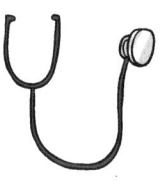

stetoskop
el estetoscopio

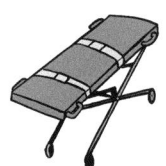

nosilo
la camilla

termometar
el termómetro

rođenje
el nacimiento

prekomjerna težina
el sobrepeso

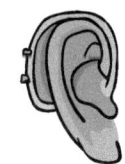

slušni aparat
el audífono

sredstvo za dezinfekciju
el desinfectante

infekcija
la infección

virus
el virus

hiv / sida
el VIH / SIDA

medicina
el remedio

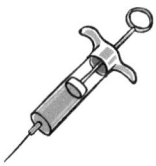

vakcinacija
la vacunación

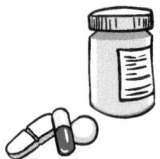

tablete
los comprimidos

pilula
la pastilla anticonceptiva

poziv u pomoć
llamada de emergencia

uređaj za mjerenje tlaka
el tensiómetro

bolesno / zdravo
enfermo / sano

pomoć!

¡Ayuda!

alarm

la alarma

nasrtaj

la agresión

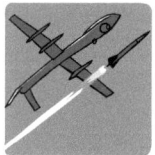

napad

el ataque

opasnost

el peligro

izlaz za nuždu

la salida de emergencia

požar!

¡Fuego!

vatrogasni aparat

el matafuego

nezgoda

el accidente

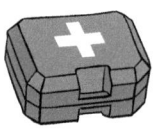

kofer prve pomoći

el botiquín de primeros auxilios

sos

el SOS

policija

la policía

Europa

Europa

sjeverna amerika

América del Norte

južna amerika

América del Sur

Afrika

África

Azija

Asia

Australija

Australia

Atlantik

el Atlántico

Pacifik

el Pacífico

ocean

el Océano Índico

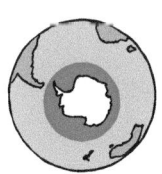

antarktički ocean

el Océano Antártico

arktički ocean

el Océano Ártico

sjeverni pol

el polo norte

južni pol	Antarktik	zemlja
el polo sur	la Antártida	la Tierra

zemlja	more	otok
la tierra	el mar	la isla

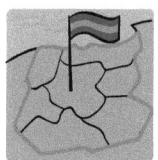

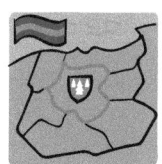

nacija	država
la nación	el estado

brojčanik sata

la esfera

satna kazaljka

la manecilla de las horas

minutna kazaljka

el minutero

sekundna kazaljka

el segundero

Koliko je sati?

¿Qué hora es?

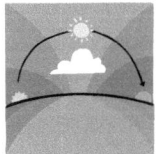

dan

el día

vrijeme

la hora

sada

ahora

digitalni sat

el reloj digital

minuta

el minuto

sat

la hora

ponedjeljak
lunes

srijeda
miércoles

petak
viernes

utorak
martes

subota
sábado

četvrtak
jueves

nedjelja
domingo

jučer
ayer

danas
hoy

sutra
mañana

jutro
la mañana

podne
el mediodía

večer
la tarde

radni dani
los días hábiles

vikend
el fin de semana

godina
el año

kiša
la lluvia
duga
el arco iris
snijeg
la nieve
vjetar
el viento
proljeće
la primavera
jesen
el otoño
ljeto
el verano
zima
el invierno

4.APRIL 11°
5.APRIL 4°
6.APRIL 13°
7.APRIL 8°
8.APRIL 10°

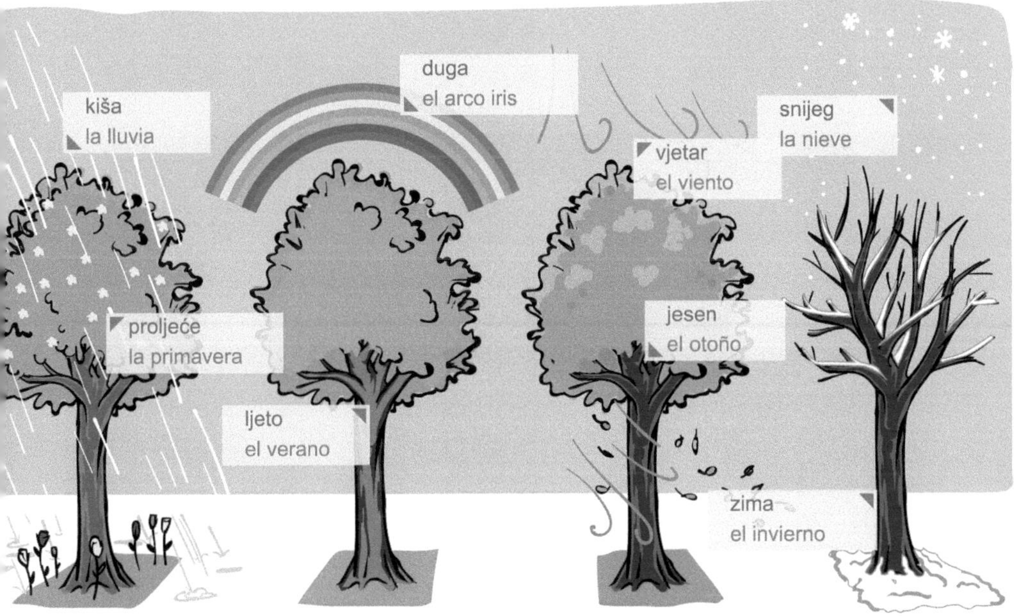

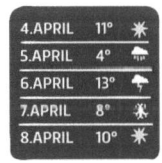

meteorološka prognoza

pronóstico meteorológico

F C
120 40
90 30
60 20
30 10
0 0
-30 -10
-20

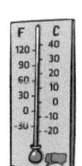

termometar

el termómetro

sunčana svjetlost

la luz del sol

oblak

la nube

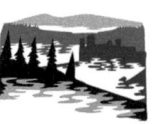

magla

la niebla

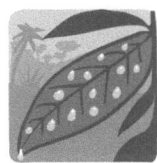

vlažnost zraka

la humedad

munja
el rayo

grmljavina
el trueno

oluja
la tormenta

tuča
el granizo

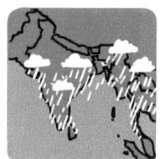

monsun
el monzón

poplava
la inundación

led
el hielo

siječanj
enero

veljača
febrero

ožujak
marzo

travanj
abril

svibanj
mayo

lipanj
junio

srpanj
julio

kolovoz
agosto

godina - el año

rujan
....
septiembre

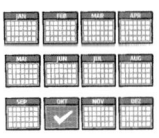

listopad
....
octubre

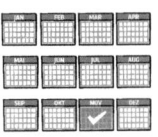

studeni
....
noviembre

prosinac
....
diciembre

krug
....
el círculo

kvadrat
....
el cuadrado

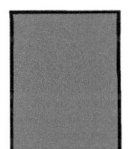

pravokutnik
....
el rectángulo

trokut
....
el triángulo

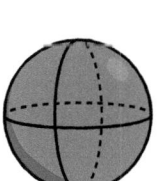

kugla
....
la esfera

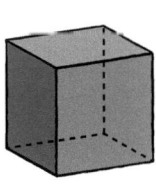

kocka
....
el cubo

boje
colores

bijela
blanco

žuta
amarillo

narančasta
naranja

ružičasta
rosa

crvena
rojo

ljubičasta
violeta

plava
azul

zelena
verde

smeđa
marrón

siva
gris

crna
negro

mnogo / malo
mucho / poco

ljutito / mirno
enojado / tranquilo

lijepo / ružno
lindo / feo

početak / kraj
el principio / el fin

veliko / maleno
grande / chico

svijetlo / tamno
claro / oscuro

brat / sestra
el hermano / la hermana

čisto / prljavo
limpio / sucio

potpuno / nepotpuno
completo / incompleto

dan / noć
el día / la noche

mrtvo / živo
muerto / vivo

široko / usko
ancho / angosto

jestivo / nejestivo

comestible / no comestible

zlo / dobro

malo / amable

uzbuđeno / dosadno

entusiasmado / aburrido

debelo / mršavo

gordo / flaco

na početku / na kraju

primero / último

prijatelj / neprijatelj

el amigo / el enemigo

puno / prazno

lleno / vacío

tvrdo / mekano

duro / blando

teško / lagano

pesado / liviano

glad / žeđ

el hambre / la sed

bolesno / zdravo

enfermo / sano

ilegalno / legalno

ilegal / legal

pametno / glupo

inteligente / estúpido

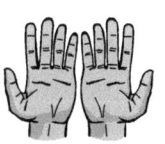

lijevo / desno

izquierda / derecha

blizu / daleko

cerca / lejos

suprotnosti - los opuestos

novo / rabljeno

nuevo / usado

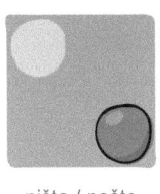

ništa / nešto

nada / algo

staro / mlado

viejo / joven

uključeno / isključeno

encendido / apagado

otvoreno / zatvoreno

abierto / cerrado

tiho / glasno

silencioso / ruidoso

bogato / siromašno

rico / pobre

točno / pogrešno

correcto / incorrecto

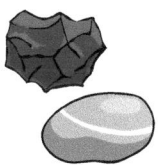

hrapavo / glatko

áspero / suave

tužno / sretno

triste / contento

kratko / dugo

corto / largo

polako / brzo

lento / rápido

mokro / suho

mojado / seco

toplo / hladno

caliente / frío

rat / mir

guerra / paz

0

nula

cero

1

jedan

uno

2

dva

dos

3

tri

tres

4

četiri

cuatro

5

pet

cinco

6

šest

seis

7

sedam

siete

8

osam

ocho

9

devet

nueve

10

deset

diez

11

jedanaest

once

12	**13**	**14**
dvanaest	trinaest	četrnaest
doce	trece	catorce

15	**16**	**17**
petnaest	šestnaest	sedamnaest
quince	dieciséis	diecisiete

18	**19**	**20**
osamnaest	devetnaest	dvadeset
dieciocho	diecinueve	veinte

100	**1.000**	**1.000.000**
stotinu	tisuću	milijun
cien	mil	el millón

engleski

el inglés

američko engleski

el inglés americano

kinesko mandarinski

el chino mandarín

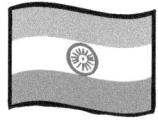

hindi

el hindi

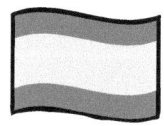

španjolski

el español

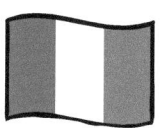

francuski

el francés

arapski

el árabe

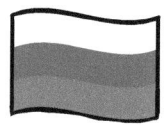

ruski

el ruso

portugalski

el portugués

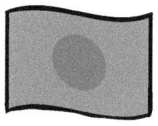

bengalski

el bengalí

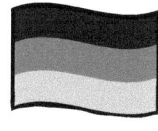

njemački

el alemán

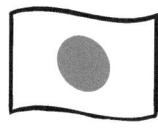

japanski

el japonés

ja
yo

ti
vos

on / ona / ono
él / ella

mi
nosotros

vi
ustedes

oni
ellos

tko?
¿quién?

što?
¿qué?

kako?
¿cómo?

gdje?
¿dónde?

kada?
¿cuándo?

ime
el nombre

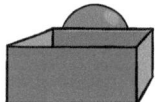

iza

detrás

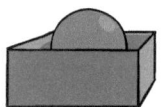

u

en

ispred

adelante de

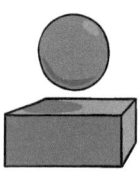

preko

por encima de

na

sobre

ispod

debajo de

pored

al lado de

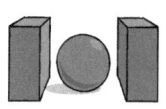

između

entre

mjesto

el lugar